MAGNIFIQUES

DIAMANTS

ANCIENS

SAPHIRS, ÉMERAUDES, RUBIS

ET PERLES FINES

BELLE ARGENTERIE CISELÉE

APPARTENANT A

Mademoiselle DUVERGER

ARTISTE DRAMATIQUE

Vente les Mardi 17 et Mercredi 18 Mars

A DEUX HEURES PRÉCISES

EXPOSITIONS
PARTICULIÈRES : les Samedi 14 et Dimanche 15 Mars 1874.
PUBLIQUE : le Lundi 16 Mars 1874.

DE UNE HEURE A QUATRE HEURES

Mᵉ ESCRIBE

COMMISⁿᵉ-PRISEUR

rue de Hanovre, nº 6.

MM. MELLERIO dits MELLER

frères et fils

JOAILLIERS-BIJOUTIERS

rue de la Paix, nº 9

PARIS — 1874

Vᵉ RENOU, MAULDE et COCK

IMPRIMEURS DE LA COMPAGNIE DES COMMISSAIRES-PRISEURS

Rue de Rivoli, 144

LES DIAMANTS DE Mlle DUVERGER. — La vente des diamants, bijoux et argenterie appartenant à Mlle Duverger, a été reprise et terminée hier.

Voici les prix atteints par la plupart des objets :

Trois plaques rondes avec diamants central et entourages de brillants....	39.000
Une grande Sévigné en brillants, avec gros saphir et briolette-saphir ; pièce très rare....................................	54.000
Un bracelet en brillants avec onze saphirs.	13.000
— — avec cinq émeraudes...................................	15.000
Deux ferrets, perles fines et brillants....	20.050
Bague composée de 5 saphirs...........	8 600
— — 5 rubis............	8.000
— — 5 beaux brillants...	4.400
Petit maître-autel, formant reliquaire, en argent émaillé roses, perles fines, miniatures, etc............................	4.000
Petite coupe ronde, grenat, jade, agate, garniture d'or ; rubis, émeraudes, saphirs...................................	500

Aux diamants, brillants et pierres de couleur que nous avons énumérés, il faut ajouter le montant de l'argenterie. — Comme il serait trop long de la dénombrer pièce par pièce, nous nous contenterons d'en indiquer approximativement le produit total :

L'ensemble des 48 lots composant cette partie du catalogue a été adjugé en chiffres ronds..........................	21.000

Le total général s'élève à 491,450 fr., les frais en plus.

MAGNIFIQUES

DIAMANTS

ANCIENS

SAPHIRS, ÉMERAUDES, RUBIS
ET PERLES FINES

BELLE ARGENTERIE CISELÉE

APPARTENANT A

Mademoiselle DUVERGER

ARTISTE DRAMATIQUE

Vente aux Enchères publiques

HOTEL DES VENTES MOBILIÉRES

RUE DROUOT, 5, GRANDE SALLE N° 1

Les Mardi 17 et Mercredi 18 Mars 1874

A DEUX HEURES PRÉCISES

Par le ministère de **M° ESCRIBE**, Commissaire-Priseur,
rue de Hanovre, 6,
Assisté de **MM. MELLERIO**, dits **MELLER** frères et fils,
Joailliers-Bijoutiers, rue de la Paix, 9,
CHEZ LESQUELS SE DISTRIBUE LE CATALOGUE.

EXPOSITIONS

PARTICULIÈRES	PUBLIQUE
Les Samedi 14 et Dimanche 15 Mars 1874	Le Lundi 16 Mars 1874

DE UNE HEURE A QUATRE HEURES

PARIS — 1874

CONDITIONS DE LA VENTE

Elle sera faite au comptant.

Les Acquéreurs paieront CINQ POUR CENT, en sus des adjudications.

Les Expositions mettant les Acquéreurs à même de visiter les Objets avant la Vente, aucune réclamation ne sera reçue une fois l'adjudication prononcée.

ORDRE DES VACATIONS

Le Mardi 17   Les Diamants, Pierres et Perles fines.

Le Mercredi 18 Mars : Les Diamants, Pierres et Perles fines qui n'auront pas été vendus à la précédente vacation, l'Argenterie.

CE CATALOGUE SE TROUVE :

A PARIS .... Chez MM. ESCRIBE, Commissaire-Priseur, rue de Hanovre, 6.

— .... — MELLERIO dits MELLER frères et fils, bijoutiers-joailliers, rue de la Paix, 9.

A LONDRES .... — DURLACHER, King Street, Saint-James Square, 9.

MADRID .... — MELLERIO HERMANOS, calle Espoz y Mina.

BADEN .... — MELLERIO.

A BRUXELLES .... — LEROY (Ét.), Expert du Musée.

A FRANCFORT-SUR-MEIN. — LŒWENSTEIN frères, Zeil.

A BERLIN .... — LEPKE, Unter den Linden, 4.

SAINT-PÉTERSBOURG ..... — NEGRI, perspective de Newski.

A VIENNE .... — KAESER, Boegner Gasse, 2.

DIAMANTS ANCIENS

SAPHIRS, ÉMERAUDES, RUBIS ET PERLES FINES

DÉSIGNATION

DIAMANTS ANCIENS

1 — Une **SUPERBE RIVIÈRE**, composée de vingt-sept gros chatons en brillants.

Ce lot très-important sera divisé.

2 — Une très-belle paire de **BOUCLES D'OREILLES**, composée de deux boutons et de deux **MAGNIFIQUES PENDELOQUES** en forme de poires. Chacune de ces Pendeloques est surmontée de deux brillants.

Très-rare.

3 — Un **SPLENDIDE BRILLANT** de forme rectangulaire.

———

4 — Une **GRANDE PLAQUE RONDE**, avec diamant central et entourage de gros brillants.

———

5 — Trois **PLAQUES RONDES**, avec diamant central et entourage en brillants.

Ce lot pourra être divisé.

———

PIERRES DE COULEURS ET BRILLANTS

———

6 — Une **GRANDE SÉVIGNÉ EN BRIL- LANTS**, avec un gros **SAPHIR** au milieu, et une **BRIOLETTE-SAPHIR** pendante.

Pièce très-rare.

7 — Un **BRACELET** en brillants avec onze saphirs.

---

8 — Un **BRACELET** en brillants avec cinq émeraudes.

---

9 — Deux **FERRETS OU AGRAFES
D'ÉPAULE,** perles fines et brillants.

---

10 — Une **BAGUE,** composée de cinq saphirs.

---

1. — Une **BAGUE,** composée de cinq rubis.

---

12 — Une **BAGUE,** composée de cinq beaux brillants.

13 — Petit Maître-Autel, formant reliquaire en argent
émaillé, avec parties ciselées et dorées; enrichi
d'ornements exécutés en roses, perles fines, etc.;
base et colonnettes en lapis-lazzuli. Deux minia-
tures sur vélin, représentant l'Adoration des
Bergers et la Cène, décorent la base et le centre
du Maître-Autel (époque Louis XIV).

Provient de la vente San Donato.

14 — Petite Coupe ronde, formée d'un grenat monté sur
une colonnette torse en jade, avec pied d'agate;
garniture en or, enrichie de rubis, d'émeraudes
et de saphirs. Diam. 58 mill.

Provient de la vente San Donato.

ARGENTERIE

**Service de Table, style Louis XV, à feuilles et rubans,
de la Maison Storr et Mortimer de Londres**

COMPOSÉ DE :

15 — Une Soupière ovale, à double fond...... 2ᵏ 665ᵍ
16 — Quatre Plats d'entrée avec cloches....... 5 325
17 — Quatre Plats d'entremets............... 2 725

18 — Six Plats à rôtis...................... 10^k 210^g

19 — Deux Saucières...................... 1 200

20 — Quatre Salières et leurs cuillères....... 465

21 — Un Moutardier et sa cuillère.. 180

22 — Vingt-quatre Assiettes plates........... 13 760

23 — Douze Assiettes creuses.............. 7 440

Service à thé, de Odiot, composé de :

24 — Une Bouilloire et son réchaud.......... 2^k 590^g

25 — Une Théière....................... 800

26 — Un Sucrier........................ 520

27 — Un Pot à lait...................... 310

28 — Une Cafetière..................... 810

29 — Un Bol........................... 500

30 — Un Seau à champagne, en forme de vase antique,
à deux anses; le pourtour est orné d'un bas-
relief, ciselé sur fond mat, sujet : Fête à
Cérès... .... 3^k 860^g

Haut. 29 c.

31 — Un autre Seau à champagne, pendant du précédent,
avec bas-relief : Fête à Bacchus....... 3ᵏ 565ᵍ

Haut. 29 c.

32 — Une Aiguière, de forme ovoïde, à goulot élevé ; au
pourtour, un bas-relief ciselé : sujet de Baccha-
nale............................. 1ᵏ 120ᵍ

Haut. 34 c.

33 — Une autre Aiguière, pendant de la précédente............ .... 1ᵏ 220ᵍ

Haut. 34 c.

34 — Une grande Coupe, en forme de coquille, sup-
portée par trois Dauphins et surmontée d'une
figurine de Triton soufflant dans une conque
marine 2ᵏ 700ᵍ

Haut. 23 c. Larg. 39 c.

35 — Un Candélabre, de style rocaille, à pied triangulaire
et à quatre branches, orné de figurines d'en-
fants............................. 4ᵏ 120ᵍ

Haut. 60 c.

Ces six pièces, sortant des ateliers Storr et Mortimer, de
Londres, sont très-riches d'ornements et d'une remarquable
exécution.

36 — Grand Vidrecome; le pourtour décoré de chevreuils,
levriers, feuilles et ornements ciselés; le couvercle surmonté d'un cerf........... 2^k 330^g

Haut. 37 c.

Très-belle pièce des ateliers de Hancock, de Londres.

37 — Un Thé, composé d'un grand plateau rond, une
théière, un sucrier et un pot à crème, entière-
ment couverts d'ornements de style oriental,
ciselés, sortant des ateliers de Storr et
Mortimer...................... ..... 3^k 515^g

Diam. du Plateau, 43 c.

38 — Deux autres Plateaux, plus petits, de même
ornementation et provenance que le précédent .... 945^g

Diam. 23 c.

39 — Une Soupière ronde, à deux anses, bord à
baguettes, feuilles et rubans, sortant des ateliers
de M. Odiot; le couvercle surmonté d'un
chou .... 2^k 215^g

54 — Une Truelle à poisson en argent...... .   200ᵍ

55 — Quarante-huit Couteaux de table à man-
     ches en argent et lames en acier......   »

56 — Un Service à découper, manches en ar-
     gent............................   »

57 — Un Couvert à salade, manches en argent.   »

> Toutes ces pièces sont renfermées dans un coffre en chêne,
> doublé en drap rouge.

58 — Deux Tasses avec soucoupes, de forme
     contournée, à ornements en relief..... 1ᵏ 110ᵍ

59 — Deux Légumiers avec plateaux.......... 1ᵏ 542ᵍ

60 — Deux Pelles à glace....... ....   260ᵍ

61 — Un Verre à bière, à deux anses, ornements
     et fleurs repoussés 535ᵍ

62 — Petit Vidrecome en vermeil repoussé à orne-
     ments rocaille et bustes; bouton du couvercle et
     pieds formés de boules; anses à enroulements
     (xviiiᵉ siècle)................ ....   445ᵍ

> Haut. 18 c.

> Provenant de la vente San Donato.

63 — Petit Vase en vermeil repoussé, à côtes; le couvercle est surmonté d'une figurine d'enfant nu.
en argent. Travail allemand . . . .   256^e

Haut. 27 c.

Provient de la vente San Donato.

Vve RENOU, MAULDE et COCK, impr^s de la Compagnie des Commissaires-Priseurs,
rue de Rivoli, 144.   39931